I0816772

ESTADOS UNIDOS
Maria Koran y
John Willis
EYEDISCOVER

Ve a www.openlightbox.com e ingresa el código único de este libro.

CÓDIGO DEL LIBRO

AVS79367

EYEDISCOVER te trae libros mejorados por multimedia que apoyan el aprendizaje activo.

Published by Lightbox Learning Inc.
276 5th Avenue, Suite 704 #917
New York, NY 10001
Website: www.openlightbox.com

Library of Congress Control Number: 2021950768

ISBN 978-1-7911-4381-7 (hardcover)

Printed in Guangzhou, China
1 2 3 4 5 6 7 8 9 0 25 24 23 22 21

122021
102521

English Editor: John Willis
Spanish Editor: Ana María Vidal
Designers: Mandy Christiansen
Spanish/English Translator: Translation Services USA

Lightbox Learning Inc. acknowledges Getty Images and Shutterstock as the primary image suppliers for this title.

ESTADOS UNIDOS

En este libro aprenderás

- qué es
- quién vive allí
- por qué se lo conoce

¡y mucho más!

Estados Unidos es un país de América del Norte. Está al lado de Canadá y de México.

MULAN
PAN AIRLINES
BE MORE CHILL
THE BROADWAY MUSICAL
JAL
JAPAN AIRLIN
"AN EPIC, DAZZLING THRILL RIDE."
KING KONG
HAVE A REALLY GOOD TIME TONIGHT
PRETTY WOMAN
COME FROM AWAY
McDonald's Restaurant
EXPRESS
FDNY

Estados Unidos tiene muchas ciudades. La ciudad de Nueva York es la más poblada de EE.UU.

La capital de los Estados Unidos es Washington, D.C. Allí es donde trabaja el presidente.

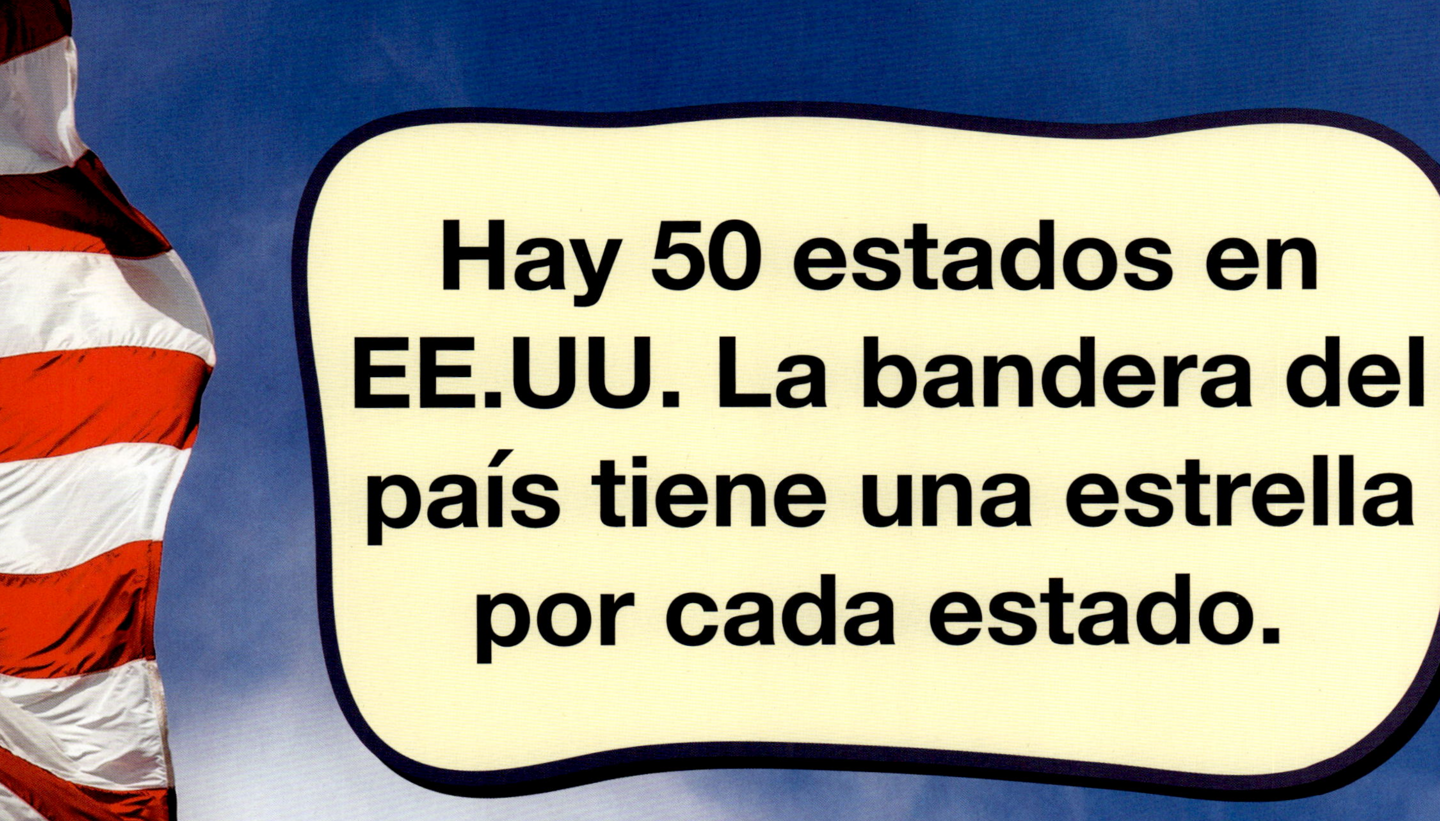

Hay 50 estados en EE.UU. La bandera del país tiene una estrella por cada estado.

California es el estado más poblado. Tiene cerca de 40 millones de habitantes.

Hay muchos símbolos de los Estados Unidos. El mamífero nacional es el bisonte americano.

Estados Unidos
también tiene
un ave nacional.
Es el águila calva.

Hay muchos lugares emblemáticos para visitar en EE.UU. La montaña más alta de los Estados Unidos se llama Denali.

El Gran Cañón es otro lugar emblemático de EE.UU. La gente lo visita para ver sus formas y colores.

ESTADOS UNIDOS EN NÚMEROS

Algunas partes del **Gran Cañón** tienen **cerca de 6000 PIES** de profundidad (1800 metros).

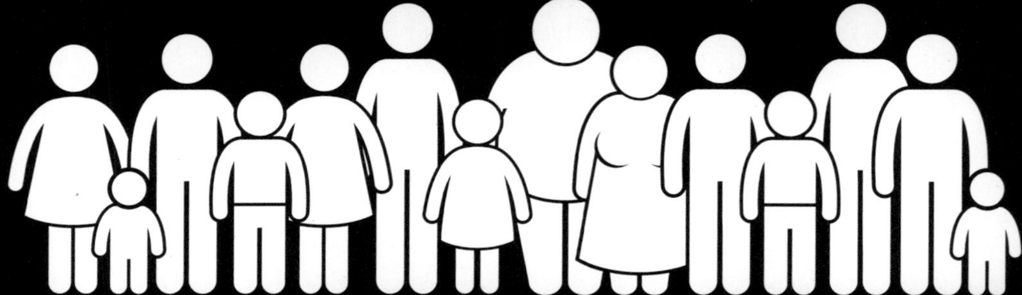

En los **Estados Unidos** viven alrededor de **330 millones** de personas.

El **Denali** **mide** más de **20 000 pies** por **sobre el nivel del mar** (6100 metros).

Hawái es el estado **más nuevo** de EE.UU. Se incorporó como estado en **1959**.

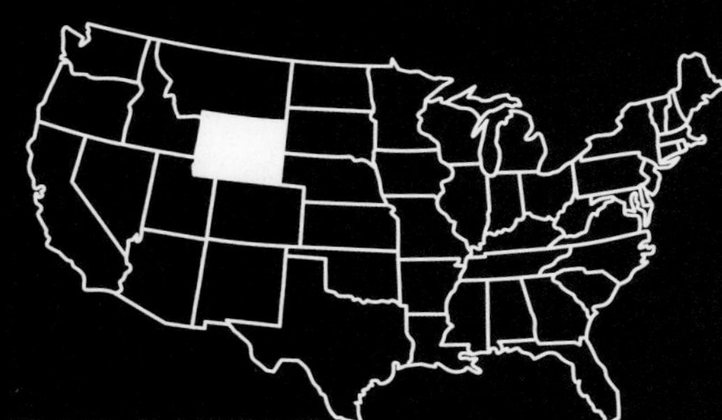

WYOMING es el estado **menos poblado**. En **2020**, tenía alrededor de **580 000** habitantes.

Un **bisonte adulto** puede **llegar a pesar** unas **2000 libras** (907 kilogramos).

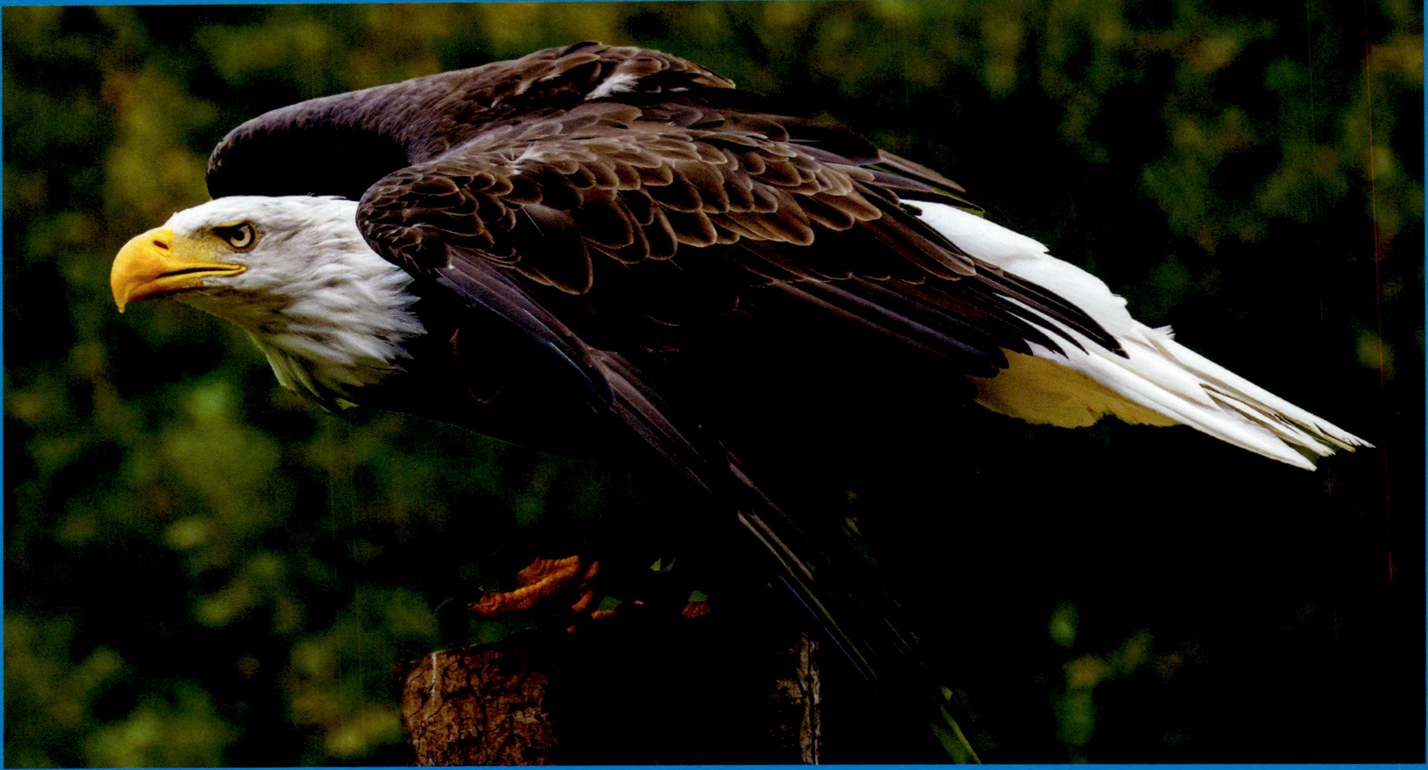

Mira
El contenido de video da vida a cada página.

Navega
Las miniaturas simplifican la navegación.

Lee
Sigue el texto en la pantalla.

Escucha
Escucha cada página leída en voz alta.

Ve a www.openlightbox.com e ingresa el código único de este libro.

CÓDIGO DEL LIBRO

AVS79367